ure

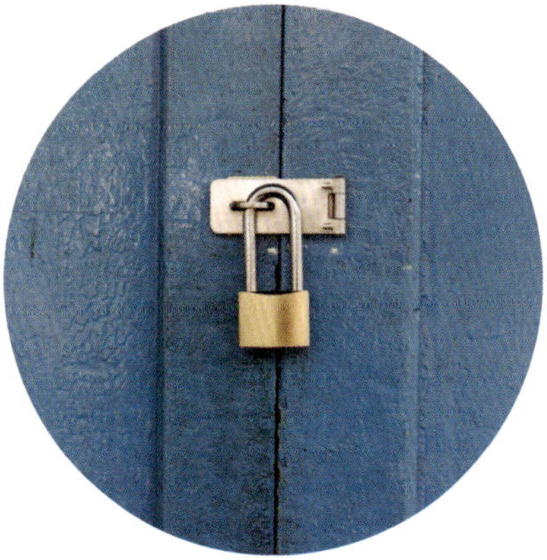

Ransom

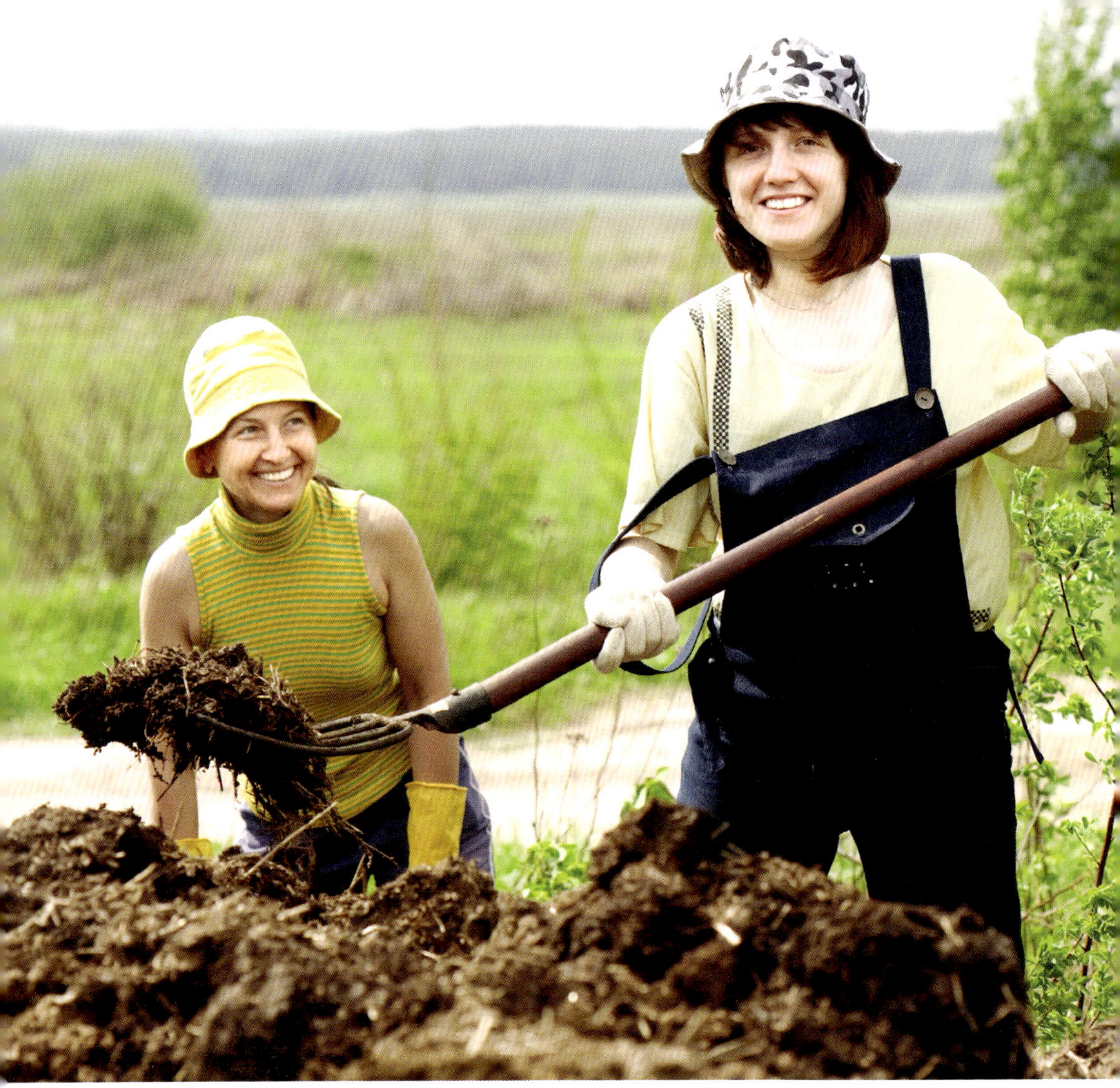

manure

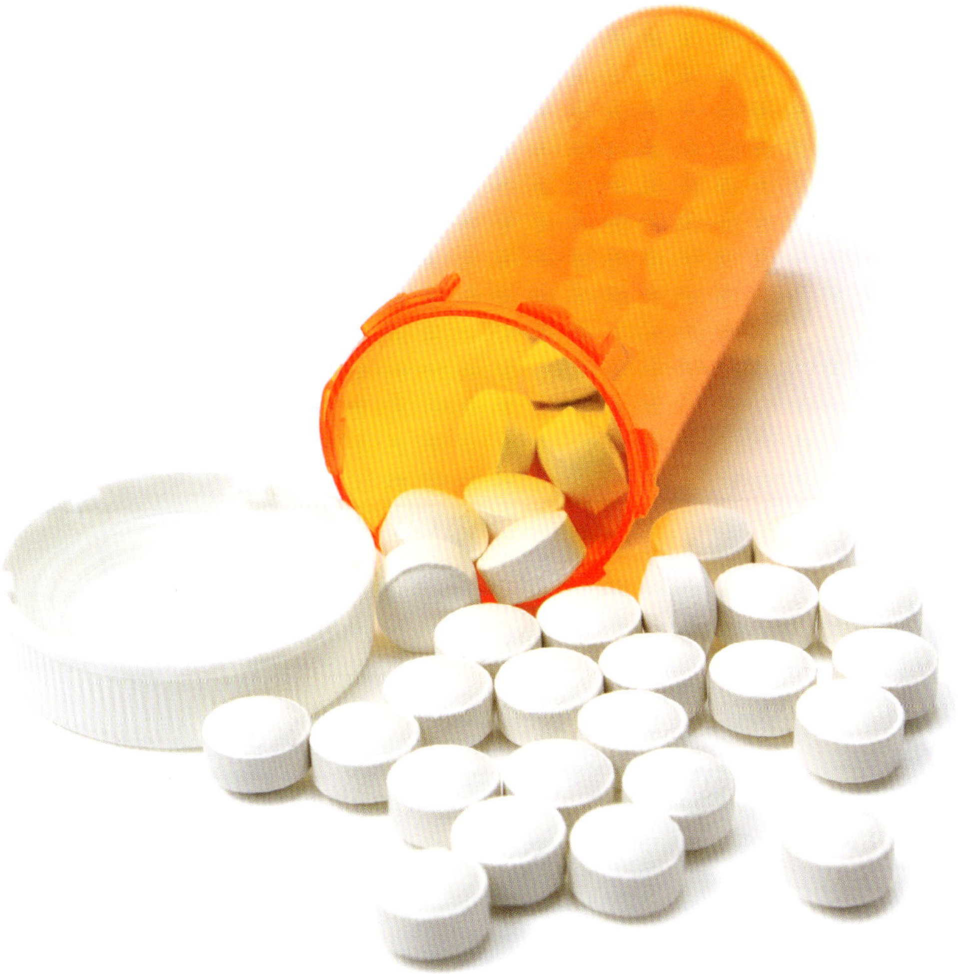

cure

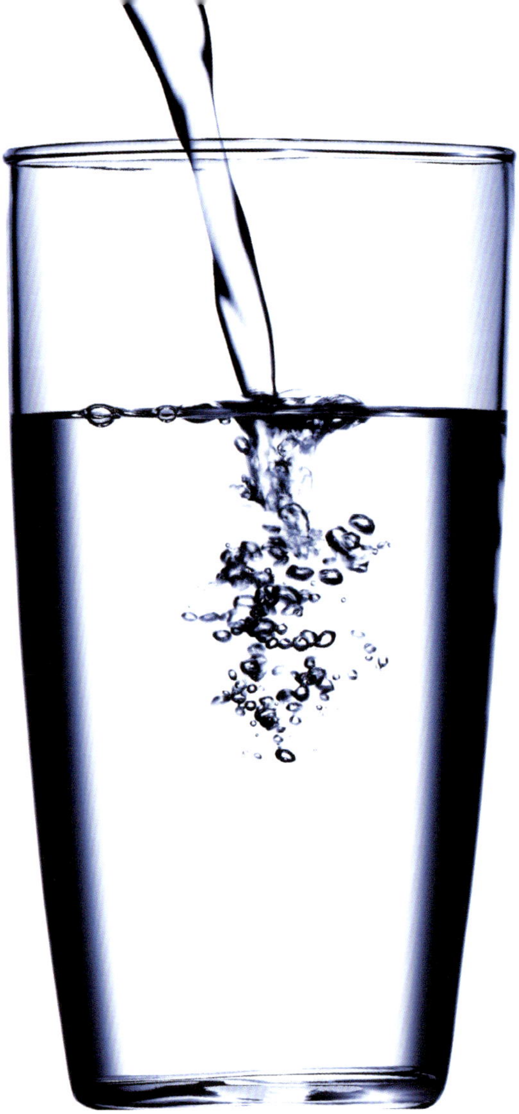

pure

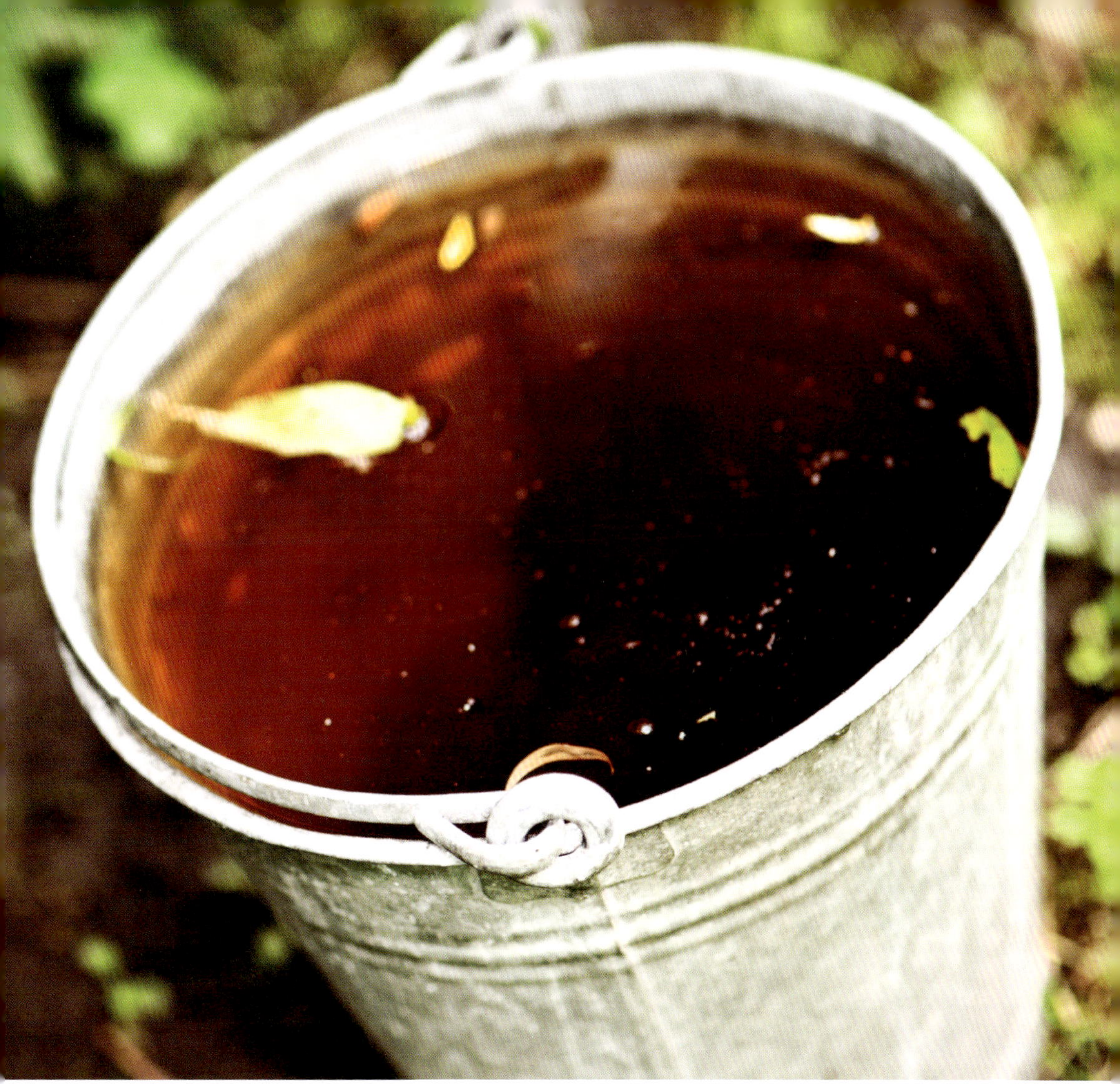

impure

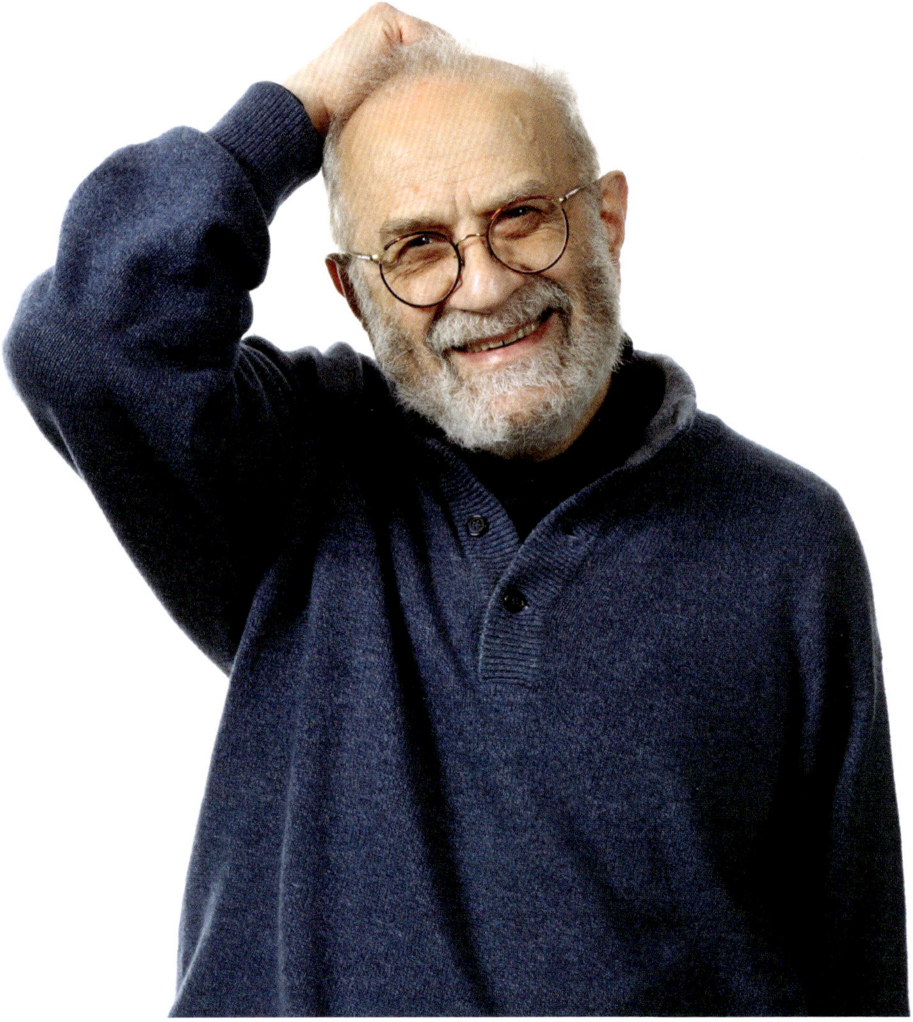

mature

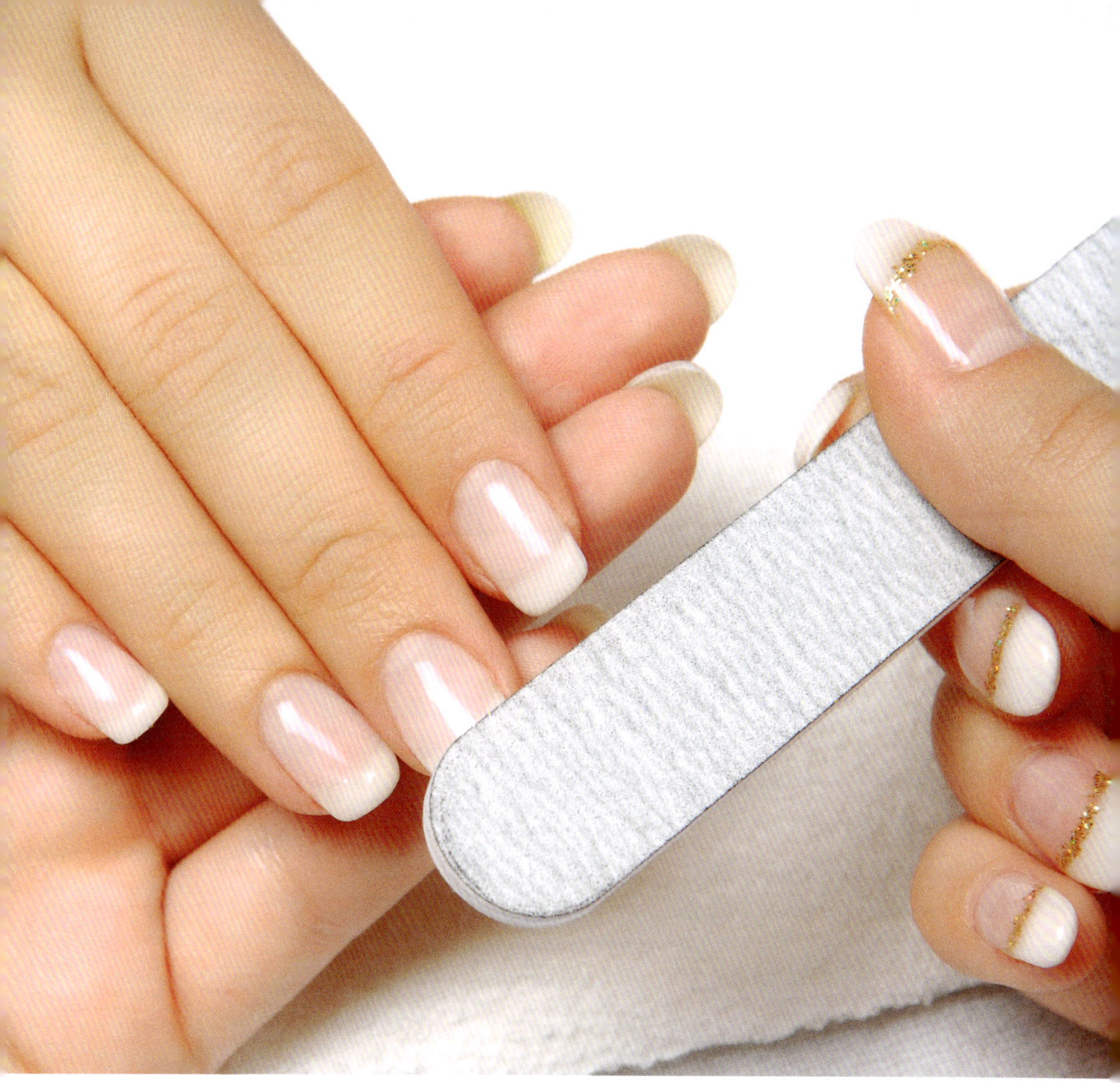

manicure

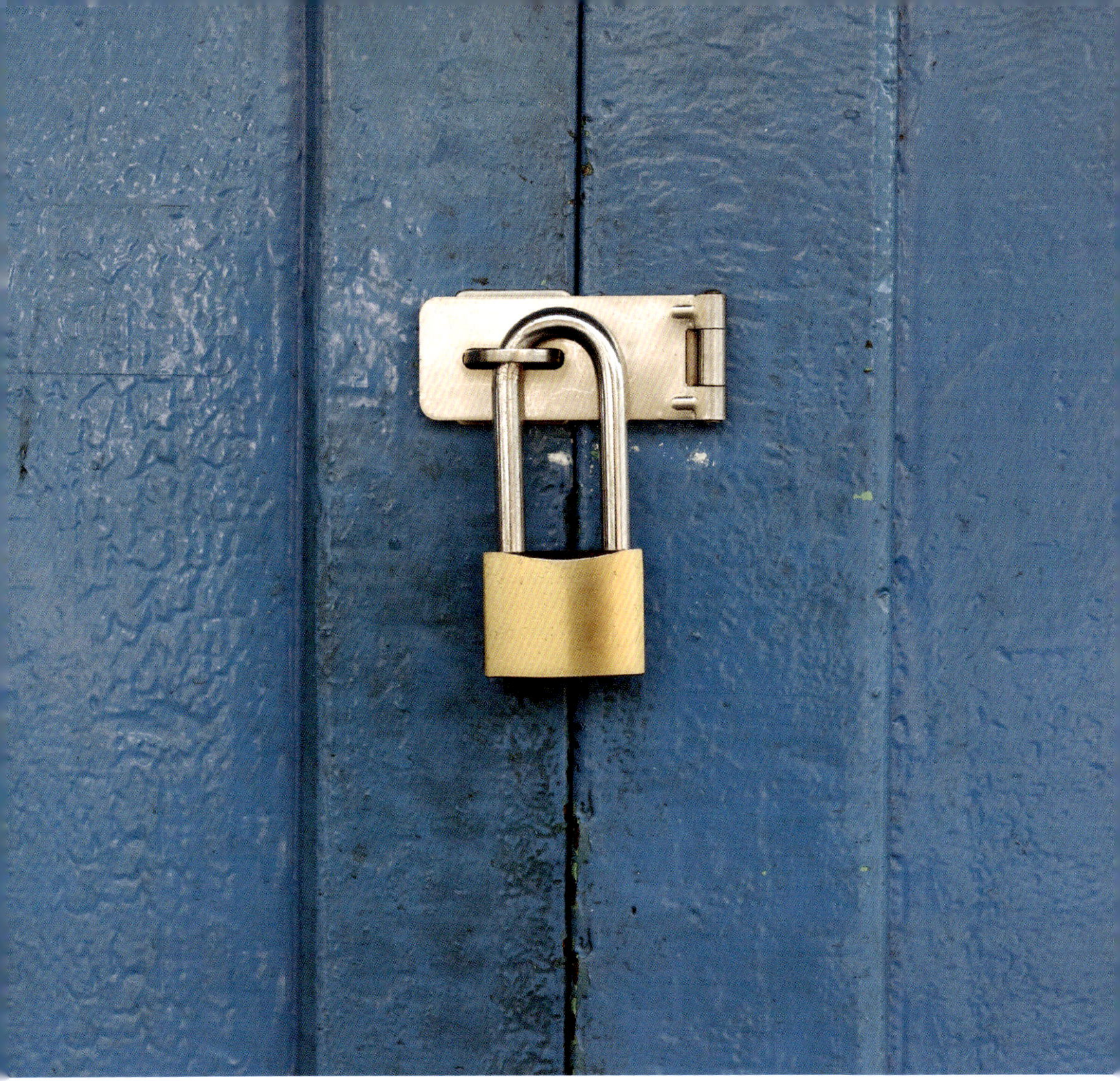

secure

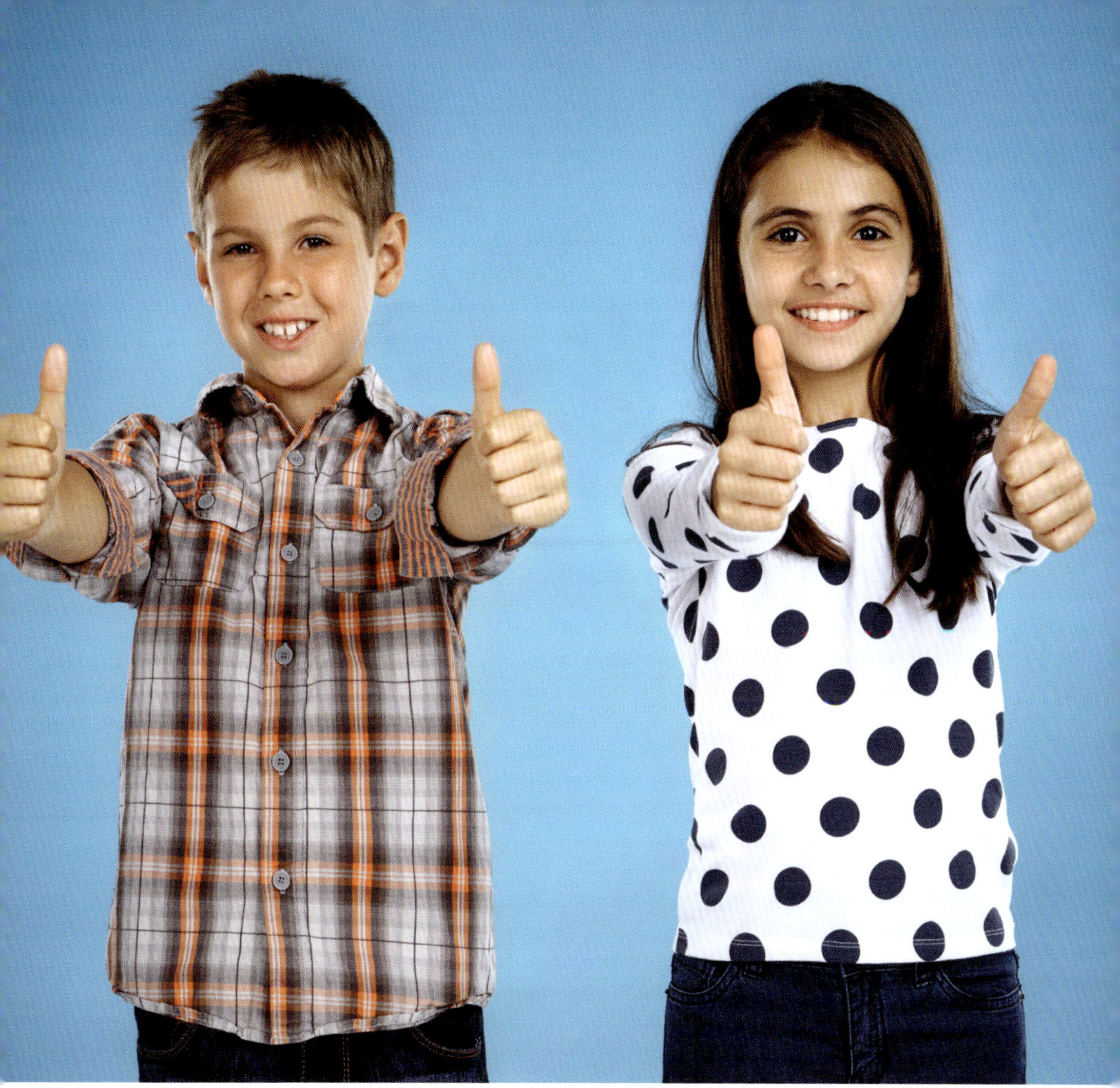

sure

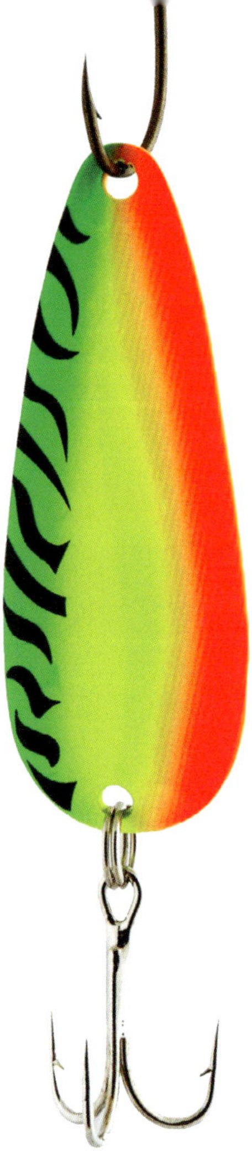

ure ure

ure ure

ure

manure

cure

pure

impure

mature

manicure

secure

sure